Solomon Schechter Day Schools
מתו״ק
Bible Curriculum
מתו״ק – מֵיזָם תנכ״י קונסרבטיבי

CET
Learning
Environments

פָּרָשַׁת וַיִּשְׁלַח

חוֹבֶרֶת לְמִידָה

MaToK: The Bible Curriculum Project of the Solomon Schechter Day Schools
A joint project of
The United Synagogue of Conservative Judaism and
The Jewish Theological Seminary of America
MaToK is made possible by a generous grant from the
Jim Joseph Foundation

Project Directors:
Dr. Robert Abramson, Director
Department of Education, United Synagogue of Conservative Judaism

Dr. Steven M. Brown, Director
Melton Research Center for Jewish Education
The Jewish Theological Seminary of America

Dr. Deborah Uchill Miller, Project Director and Editor

All correspondence and inquiries should be directed to the Department
of Education, United Synagogue of Conservative Judaism,
155 Fifth Ave., NY, NY 10010

●

Edited and Produced by CET-LE Team:

Project Director and Pedagogical Editor: Zohar Harkov
Linguistic Editor: Shoshi Miran

Graphic Designer: Yael Rimon
Illustrations: Udi Taub, Studio Aesthetics
Computers and DTP Assistance: Roni Meiron

Publishing Coordinator: Gadi Nachmias

CET-LE Learning Environments, for the home (2002) Ltd, 16 Klausner St.
P.O.B. 39513, Tel-Aviv 61394, Israel
Tel. 972-3-6460165, http://www.cet.ac.il

ISBN: 978-0-8381-0082-0

We gratefully acknowledge the guidance of The MaToK Deliberation Team:

Charlotte Abramson, Jewish Theological Seminary
Dr. Bonnie Botel-Sheppard, Penn-Literacy Network
Dr. Neil Gillman, Jewish Theological Seminary
Charlotte Glass, Solomon Schechter Day Schools of Chicago
Dr. Tikva Frymer-Kensky (z"l), University of Chicago
Dr. Kathryn Hirsh-Pasek, Temple University
Dr. Steven Lorch, Solomon Schechter Day School of Manhattan
Dr. Ora Horn Prouser, Academy for Jewish Religion, New York
Rabbi Benjamin Scolnic, Temple Beth Sholom, Hamden, CT

Curriculum Writers:

Head Writer: Marcia Lapidus Kaunfer

Charlotte Abramson
Gila Azrad
Rabbi Greta Brown
Mimi Brandwein
Heather Fiedler
Rebecca Friedman
Orly Gonen
Rabbi Pamela Gottfried
Penina Grossberg
Sally Hendelman

Rabbi Brad Horwitz
Rabbi Elana Kanter
Naamit Kurshan
Dr. Deborah Uchill Miller
Ellen Rank
Ami Sabari
Rabbi Jon Spira-Savett
Miriam Taub
Laura Wiseman

Artwork: Experimental edition
Arielle Miller-Timen, Karen Ostrove

Translation:
Michele Alperin, Mira Bashan, Ruthie Bashan, Dahlia Helfgott-Hai, Hannah Livneh, Micki Targum, Lee Pratt

We wish to thank the following for permission to reprint:
Davkawriter: Images of Israel: © 2001
Persky Elias, _Haver LaTorah_, New York: KTAV Publishing, 1964.
Weintraub Simkha, _Five Easy Steps to "Cracking" Almost any Rashi_.

With gratitude to **Samuel J. Lashinsky**,
Bayonne, New Jersey,
whose generosity and commitment to the furtherance of Jewish education
made possible this booklet.

May his memory be for a blessing.

תֹּכֶן הָעִנְיָנִים

פָּרָשַׁת וַיִּשְׁלַח

פֶּרֶק ל"ב פָּסוּק ד' – פֶּרֶק ל"ג פָּסוּק י"א

פֶּרֶק ל״ב פְּסוּקִים ד׳–ל״ב

יַעֲקֹב שׁוֹלֵחַ מַלְאָכִים לְעֵשָׂו

פֶּרֶק ל״ב פְּסוּקִים ד׳–ז׳

ד׳ וַיִּשְׁלַח יַעֲקֹב מַלְאָכִים[1] לְפָנָיו
אֶל–עֵשָׂו אָחִיו,
אַרְצָה שֵׂעִיר שְׂדֵה אֱדוֹם.

ה׳ וַיְצַו[2] אֹתָם לֵאמֹר:
״כֹּה[3] תֹאמְרוּן[4] לַאדֹנִי לְעֵשָׂו:
כֹּה אָמַר עַבְדְּךָ יַעֲקֹב:
עִם–לָבָן גַּרְתִּי[5] וָאֵחַר עַד–עָתָּה[6].

ו׳ וַיְהִי–לִי[7] שׁוֹר[8] וַחֲמוֹר
צֹאן וְעֶבֶד וְשִׁפְחָה,
וָאֶשְׁלְחָה לְהַגִּיד[9] לַאדֹנִי
לִמְצֹא–חֵן[10] בְּעֵינֶיךָ.״

1 **מַלְאָכִים:** messengers
2 **וַיְצַו:** הוּא צִוָּה
3 **כֹּה:** כָּכָה
4 **תֹאמְרוּן:** תֹּאמְרוּ
5 **גַּרְתִּי:** הָיִיתִי, חָיִיתִי
6 **עַד–עָתָּה:** עַד עַכְשָׁו
7 **וַיְהִי–לִי:** יֵשׁ לִי
8 **שׁוֹר:**
9 **וָאֶשְׁלְחָה:** (ש-ל-ח) **לְהַגִּיד:** I send this to tell you
10 **לִמְצֹא–חֵן:** to find favor

ז׳ וַיָּשֻׁבוּ הַמַּלְאָכִים אֶל־יַעֲקֹב לֵאמֹר:

"בָּאנוּ אֶל־אָחִיךָ אֶל־עֵשָׂו

וְגַם הֹלֵךְ לִקְרָאתְךָ[11]

וְאַרְבַּע־מֵאוֹת אִישׁ עִמּוֹ."

| 11 לִקְרָאתְךָ: toward you |

לִקְרֹא... לִמְצֹא... לְהַשְׁלִים... (פְּסוּקִים ד׳-ז׳)

בְּבַקָּשָׁה:

1 **סַמְּנוּ** בְּעַמּוּדִים 6–7 בְּצֶבַע וָרֹד אֶת הַשֵּׁם "עֵשָׂו" וְאֶת הַכִּנּוּי שֶׁלּוֹ. (פְּסוּקִים ה׳-ז׳)

2 **סַמְּנוּ** בְּצֶבַע כָּחֹל אֶת הַשֵּׁם "יַעֲקֹב" וְאֶת הַכִּנּוּי שֶׁלּוֹ.

3 **הַשְׁלִימוּ:** ____ פְּעָמִים יַעֲקֹב קוֹרֵא לְעֵשָׂו ____

יַעֲקֹב קוֹרֵא לְעַצְמוֹ ____

4 יַעֲקֹב שׁוֹלֵחַ מַלְאָכִים עִם מֶסֶר. (a message)

הוּא עוֹנֶה עַל שְׁאֵלוֹת שֶׁאוּלַי (might ask) עֵשָׂו הָיָה שׁוֹאֵל. **הַשְׁלִימוּ** (פְּסוּקִים ה׳-ו׳)

הַשְּׁאֵלָה	הַתְּשׁוּבָה
• עִם מִי הָיִיתָ?	"____"
• ____	"וַיְהִי-לִי שׁוֹר וַחֲמוֹר צֹאן וְעֶבֶד וְשִׁפְחָה"
• לָמָּה שָׁלַחְתָּ מַלְאָכִים?	"____"
	"____"

5 **כִּתְבוּ** בִּלְשׁוֹנֵנוּ: מָה יַעֲקֹב אוֹמֵר לַמַּלְאָכִים שֶׁיֹּאמְרוּ לְעֵשָׂו?

____

____

____

6 צַיְּרוּ אֶת הַתְּשׁוּבוֹת (מִשְׁאֵלָה 4):

אֲנִי רוֹצָה...	יֵשׁ לִי...	הָיִיתִי עִם...

7 מָה הַמַּלְאָכִים מְסַפְּרִים עַל עֵשָׂו? **כִּתְבוּ** בִּלְשׁוֹנֵנוּ אוֹ בִּלְשׁוֹן הַתּוֹרָה.

_____

_____

_____

8 לָמָה לֹא כָּתוּב מָה עֵשָׂו אוֹמֵר, לְדַעְתְּכֶם? (אֶפְשָׁר לִכְתֹּב יוֹתֵר מִתְּשׁוּבָה אַחַת.)

_____

_____

_____

אֵיךְ יָגִיב יַעֲקֹב
עַל תְּשׁוּבַת הַמַּלְאָכִים, לְדַעְתְּכֶם?

לַחְשֹׁב... לְהָבִין...לְהַרְגִּישׁ... (פְּסוּקִים ד׳-ז׳)

1 רִבְקָה אָמְרָה לְיַעֲקֹב:

...הִנֵּה עֵשָׂו אָחִיךָ מִתְנַחֵם לְךָ לְהָרְגֶךָ... בְּרַח-לְךָ אֶל-לָבָן אָחִי חָרָנָה.
וְיָשַׁבְתָּ עִמּוֹ... עַד אֲשֶׁר-תָּשׁוּב חֲמַת אָחִיךָ. (פֶּרֶק כ״ז פְּסוּקִים מ״ב-מ״ד)

עַד מָתַי יַעֲקֹב צָרִיךְ לָגוּר בַּבַּיִת שֶׁל לָבָן? **כִּתְבוּ** בִּלְשׁוֹנֵנוּ אוֹ בִּלְשׁוֹן הַתּוֹרָה.

____

1א. **סַמְּנוּ ✓:** ☐ עֵשָׂו עֲדַיִן כּוֹעֵס ☐ עֵשָׂו לֹא כּוֹעֵס

כִּי ______________________________

____

1ב. מָה יִקְרֶה עַכְשָׁו, לְדַעְתְּכֶם? **הַשְׁלִימוּ:**

אִם עֵשָׂו לֹא כּוֹעֵס אָז הוּא וְיַעֲקֹב ______________________________

אִם עֵשָׂו עֲדַיִן כּוֹעֵס אָז הוּא וְיַעֲקֹב ______________________________

2 לָמָּה יַעֲקֹב קוֹרֵא לְעַצְמוֹ "עֶבֶד" וּלְעֵשָׂו "אֲדוֹן"?

____

____

2א. מָה דַּעְתְּכֶם עַל הַכִּנּוּיִים הָאֵלֶּה?

____

____

נְסַכֵּם: פְּסוּקִים ד׳-ז׳

- הַדְּמוּת אוֹ הַדְּמֻיוֹת הַמּוֹפִיעוֹת: ______
- הַבְּעָיָה שֶׁל יַעֲקֹב הִיא: ______

(to solve)
- מָה הוּא עוֹשֶׂה כְּדֵי לִפְתֹּר אֶת הַבְּעָיָה?

(would you solve)
- אֵיךְ אַתֶּם הֲיִיתֶם פּוֹתְרִים אֶת הַבְּעָיָה?

- מִפְּסוּקִים ד׳-ז׳ אֲנַחְנוּ לוֹמְדִים:

(quote)
- **בַּחֲרוּ** צִטּוּט **וְכִתְבוּ** אוֹתוֹ כְּכוֹתֶרֶת לַפְּסוּקִים. (כִּתְבוּ אוֹתוֹ בַּמִּסְגֶּרֶת לְמַעְלָה.)

יַעֲקֹב מִתְכּוֹנֵן לַפְּגִישָׁה עִם עֵשָׂו

פֶּרֶק ל״ב פְּסוּקִים ח׳–ט׳

מִתְכּוֹנֵן prepare
עוֹשֶׂה הֲכָנוֹת.
לְמָשָׁל: אֲנַחְנוּ מִתְכּוֹנְנִים לַמְּסִבָּה.

ח׳ וַיִּירָא[1] יַעֲקֹב מְאֹד
וַיֵּצֶר לוֹ[2],
וַיַּחַץ[3] אֶת-הָעָם אֲשֶׁר-אִתּוֹ
וְאֶת-הַצֹּאן וְאֶת-הַבָּקָר וְהַגְּמַלִּים
לִשְׁנֵי מַחֲנוֹת[4].

ט׳ וַיֹּאמֶר: ״אִם-יָבוֹא עֵשָׂו אֶל-הַמַּחֲנֶה הָאַחַת
וְהִכָּהוּ[5],
וְהָיָה הַמַּחֲנֶה הַנִּשְׁאָר לִפְלֵיטָה[6].״

1 **וַיִּירָא** (י-ר-א): פָּחַד
2 **וַיֵּצֶר לוֹ:** הָיָה בְּצָרוֹת
3 **וַיַּחַץ** (ח-צ-ה): חִלֵּק לִשְׁנַיִם split
4 **מַחֲנוֹת:** קְבוּצוֹת
5 **וְהִכָּהוּ** (נ-כ-ה): וְהִכָּה אוֹתוֹ strikes it, attacks it
6 **הַמַּחֲנֶה הַנִּשְׁאָר לִפְלֵיטָה:** הַקְּבוּצָה (הַשְּׁנִיָּה) תִּשָּׁאֵר בַּחַיִּים will remain alive

לִקְרֹא... לִמְצֹא... לְהַשְׁלִים... (פְּסוּקִים ח'-ט')

אִלּוּ אַתֶּם (if you were) הֱיִיתֶם פּוֹחֲדִים כְּמוֹ יַעֲקֹב,
מָה עוֹד הֱיִיתֶם עוֹשִׂים? (would you do)

בְּבַקָּשָׁה:

1 **סַמְּנוּ** בְּצֶבַע צָהֹב מָה יַעֲקֹב מַרְגִּישׁ.

2 **סַמְּנוּ** בְּצֶבַע כָּחֹל מָה יַעֲקֹב עוֹשֶׂה.

3 לָמָּה יַעֲקֹב חוֹצֶה (splits) אֶת הַמַּחֲנֶה לִשְׁנַיִם? ______________________

____

4 **הַשְׁלִימוּ:** (פְּסוּקִים ח'–ט')

הַנּוֹשֵׂא (topic)	בִּלְשׁוֹן הַתּוֹרָה	בְּמִלִּים אֲחֵרוֹת
______ ______	"______ ______"	יַעֲקֹב פּוֹחֵד מְאֹד
הַמַּעֲשֶׂה שֶׁל יַעֲקֹב	וַיַּחַץ אֶת-הָעָם אֲשֶׁר-אִתּוֹ וְאֶת-הַצֹּאן וְאֶת-הַבָּקָר וְהַגְּמַלִּים לִשְׁנֵי מַחֲנוֹת. (פָּסוּק ח')	______ ______ ______
הַסִּבּוֹת לַמַּעֲשֶׂה שֶׁל יַעֲקֹב	"______ ______ ______ ______"	הוּא חָשַׁב שֶׁ ______ ______ ______ ______

נְסַכֵּם: פְּסוּקִים ח׳-ט׳

• הַדְּמוּת אוֹ הַדְּמֻיּוֹת הַמּוֹפִיעוֹת: ______

• הַבְּעָיָה שֶׁל יַעֲקֹב הִיא: ______

• מָה הוּא עוֹשֶׂה כְּדֵי לִפְתֹּר אֶת הַבְּעָיָה? ______

• מִפְּסוּקִים ח׳-ט׳ אֲנַחְנוּ לוֹמְדִים: ______

• **בַּחֲרוּ** צִטּוּט **וְכִתְבוּ** אוֹתוֹ כְּכוֹתֶרֶת לַפְּסוּקִים. (כִּתְבוּ אוֹתוֹ בַּמִּסְגֶּרֶת לְמַעְלָה.)

יַעֲקֹב מִתְפַּלֵּל לֶאֱ-לֹהִים

פֶּרֶק ל״ב פְּסוּקִים י׳–י״ג

י׳ וַיֹּאמֶר יַעֲקֹב:
״אֱ-לֹהֵי אָבִי אַבְרָהָם וֵא-לֹהֵי אָבִי יִצְחָק,
ה׳ הָאֹמֵר אֵלַי: ׳שׁוּב לְאַרְצְךָ וּלְמוֹלַדְתְּךָ
וְאֵיטִיבָה[1] עִמָּךְ.׳

י״א קָטֹנְתִּי מִכֹּל הַחֲסָדִים וּמִכָּל-הָאֱמֶת[2]
אֲשֶׁר עָשִׂיתָ אֶת-עַבְדֶּךָ[3],
כִּי בְמַקְלִי[4] עָבַרְתִּי אֶת-הַיַּרְדֵּן הַזֶּה
וְעַתָּה[5] הָיִיתִי[6] לִשְׁנֵי מַחֲנוֹת.

י״ב הַצִּילֵנִי[7] נָא מִיַּד אָחִי מִיַּד עֵשָׂו,
כִּי-יָרֵא אָנֹכִי אֹתוֹ
פֶּן-יָבוֹא וְהִכַּנִי אֵם עַל-בָּנִים[8].

י״ג וְאַתָּה אָמַרְתָּ:
׳הֵיטֵב אֵיטִיב עִמָּךְ,
וְשַׂמְתִּי[9] אֶת-זַרְעֲךָ כְּחוֹל הַיָּם
אֲשֶׁר לֹא-יִסָּפֵר מֵרֹב.׳״

1 **וְאֵיטִיבָה** (ט-ו-ב): אֶעֱשֶׂה לְךָ טוֹב

2 **קָטֹנְתִּי מִכֹּל הַחֲסָדִים וּמִכָּל-הָאֱמֶת:**
I am not worthy of all the kindnesses and faithfulness

3 **אֶת-עַבְדֶּךָ:** עִם עַבְדְּךָ

4 **בְמַקְלִי:** בַּמַּקֵּל שֶׁלִּי with my stick

5 **וְעַתָּה:** וְעַכְשָׁו

6 **הָיִיתִי** (ה-י-ה): I have become

7 **הַצִּילֵנִי** (נ-צ-ל): תַּצִּיל אוֹתִי save me

8 **וְהִכַּנִי אֵם עַל-בָּנִים:**
attacking all of us, from the mothers to the children

9 **וְשַׂמְתִּי** (ש-י-מ): אֲנִי אָשִׂים

לִקְרֹא... לִמְצֹא... לְהַשְׁלִים... (פְּסוּקִים י'-י"ג)

בְּבַקָּשָׁה:

1 **סַמְּנוּ** בְּעַמּוּד 15 בְּצֶבַע צָהֹב מָה יַעֲקֹב אוֹמֵר.

1א. מִתְחוּ קַו מִתַּחַת לַדְּבָרִים שֶׁאֱ-לֹהִים אָמַר לְיַעֲקֹב .

2 **הַקִּיפוּ** בְּמַלְבֵּן אֶת הַמִּלִּים מִן הַשֹּׁרֶשׁ **ט-ו-ב.**

2א. מִלִּים מֵהַשֹּׁרֶשׁ **ט-ו-ב** חוֹזְרוֹת ________ פְּעָמִים. מָה לוֹמְדִים מִזֶּה?

____

____

3 מַהוּ הַחֶסֶד שֶׁעָשָׂה אֱ-לֹהִים עִם יַעֲקֹב? **הַשְׁלִימוּ וְצַיְּרוּ.** (פָּסוּק י"א)

כַּאֲשֶׁר יַעֲקֹב עָבַר אֶת הַיַּרְדֵּן הָיָה לוֹ רַק ________

וְעַתָּה יֵשׁ לוֹ ____

כִּי בְמַקְלִי עָבַרְתִּי אֶת-הַיַּרְדֵּן הַזֶּה

וְעַתָּה הָיִיתִי לִשְׁנֵי מַחֲנוֹת

4 **כִּתְבוּ בִּלְשׁוֹן הַתּוֹרָה:**

• יַעֲקֹב קוֹרֵא לַה' בְּכִנּוּי:

"אֱ-לֹהֵי ______________________________

וֵאֱ-לֹהֵי ______________________________ " (פָּסוּק ______)

מֵאַיִן אֲנַחְנוּ מַכִּירִים
(expressions)
אֶת הַבִּטּוּיִים הָאֵלֶּה?

• יַעֲקֹב אוֹמֵר תּוֹדָה לַה':

" ____

____ " (פָּסוּק ______)

• יַעֲקֹב מְבַקֵּשׁ מֵה':

" ____ "

כִּי " ______________________________________ " (פָּסוּק ______)

• יַעֲקֹב אוֹמֵר מָה שֶׁה' אָמַר לוֹ:

" ____

____ " (פָּסוּק ______)

5 **הַשְׁלִימוּ** בִּלְשׁוֹן הַתּוֹרָה אֶת הַדְּבָרִים הַדּוֹמִים בַּתְּפִלָּה שֶׁל יַעֲקֹב.

אֱ-לֹהִים אָמַר לְיַעֲקֹב:	יַעֲקֹב מִתְפַּלֵּל לֶאֱ-לֹהִים (פֶּרֶק ל"ב)
"אֲנִי ה' אֱ-לֹהֵי אַבְרָהָם אָבִיךָ וֵא-לֹהֵי יִצְחָק" (פֶּרֶק כ"ח פָּסוּק י"ג)	וַיֹּאמֶר יַעֲקֹב: "______________ ______________
"קוּם צֵא מִן-הָאָרֶץ הַזֹּאת וְשׁוּב אֶל-אֶרֶץ מוֹלַדְתֶּךָ" (פֶּרֶק ל"א פָּסוּק י"ג)	ה' הָאֹמֵר אֵלַי: '______________ ______________ וְאֵיטִיבָה עִמָּךְ'" (פָּסוּק י')
"וְהָיָה זַרְעֲךָ כַּעֲפַר הָאָרֶץ..." (פֶּרֶק כ"ח פָּסוּק י"ד)	"הֵיטֵב אֵיטִיב עִמָּךְ, ______________ ______________ ______________..." (פָּסוּק י"ג)

5א. **סַמְּנוּ** בְּצֶבַע וָרֹד אֶת הַדְּבָרִים הַדּוֹמִים.

לַחְשֹׁב... לְהָבִין...לְהַרְגִּישׁ... (פְּסוּקִים י׳-י״ג)

(repeats)

1 לָמָּה יַעֲקֹב חוֹזֵר בִּתְפִלָּתוֹ עַל דִּבְרֵי אֱ-לֹהִים, לְדַעְתְּכֶם?

(אֶפְשָׁר לִכְתֹּב יוֹתֵר מִתְּשׁוּבָה אַחַת.)

כִּי ______________________________

____

כִּי ______________________________

____

2 אֵיךְ יַעֲקֹב מַרְגִּישׁ אַחֲרֵי הַתְּפִלָּה, לְדַעְתְּכֶם? **הַסְבִּירוּ.**

____

____

3 לָמָּה יַעֲקֹב מִתְפַּלֵּל, לְדַעְתְּכֶם?

____

____

4 מָתַי אֲנַחְנוּ מִתְפַּלְלִים?

____

____

19

5 **כִּתְבוּ** אוֹ **צַיְּרוּ** תְּפִלָּה שֶׁלָּכֶם הַדּוֹמָה לַתְּפִלָּה שֶׁל יַעֲקֹב:

אֱ-לֹהַי ______________________

תּוֹדָה עַל ______________________

____

אֲנִי מְבַקֵּשׁ / מְבַקֶּשֶׁת

____

____

____

כִּי אֲנִי מַרְגִּישׁ / מַרְגִּישָׁה

____

____

____

נְסַכֵּם: פְּסוּקִים י׳-י״ג

• הַדְּמוּת אוֹ הַדְּמֻיּוֹת הַמּוֹפִיעוֹת: ______

• הַבְּעָיָה שֶׁל יַעֲקֹב הִיא: ______

______

______

• מָה הוּא עוֹשֶׂה כְּדֵי לִפְתֹּר אֶת הַבְּעָיָה? ______

______

______

• מִפְּסוּקִים י׳-י״ג׳ אֲנַחְנוּ לוֹמְדִים: ______

______

______

• **בַּחֲרוּ** צִטּוּט **וְכִתְבוּ** אוֹתוֹ כְּכוֹתֶרֶת לַפְּסוּקִים. (כִּתְבוּ אוֹתוֹ בַּמִּסְגֶּרֶת לְמַעְלָה.)

יַעֲקֹב שׁוֹלֵחַ מִנְחָה לְעֵשָׂו
פֶּרֶק ל״ב פְּסוּקִים י״ד–כ״ב

י״ד וַיָּלֶן[1] שָׁם בַּלַּיְלָה הַהוּא,

וַיִּקַּח מִן-הַבָּא בְיָדוֹ[2] מִנְחָה[3] לְעֵשָׂו אָחִיו.

ט״ו עִזִּים מָאתַיִם וּתְיָשִׁים[4] עֶשְׂרִים,

רְחֵלִים מָאתַיִם וְאֵילִים[5] עֶשְׂרִים.

ט״ז גְּמַלִּים מֵינִיקוֹת וּבְנֵיהֶם שְׁלֹשִׁים,

פָּרוֹת אַרְבָּעִים וּפָרִים עֲשָׂרָה

אֲתֹנֹת עֶשְׂרִים וַעְיָרִם[6] עֲשָׂרָה.

י״ז וַיִּתֵּן בְּיַד-עֲבָדָיו עֵדֶר עֵדֶר לְבַדּוֹ[7],

וַיֹּאמֶר אֶל-עֲבָדָיו:

"עִבְרוּ לְפָנַי

וְרֶוַח תָּשִׂימוּ[8] בֵּין עֵדֶר וּבֵין עֵדֶר."

---

1 **וַיָּלֶן:** הוּא נִשְׁאַר שָׁם בַּלַּיְלָה
spent the night

2 **מִן-הַבָּא בְיָדוֹ:**
from what was handy

3 **מִנְחָה:** מַתָּנָה

4 **עִזִּים... וּתְיָשִׁים:** she-goats... kids

5 **רְחֵלִים... וְאֵילִים:** ewes... rams

6 **אֲתֹנֹת... וַעְיָרִם:** she-donkeys...colts

7 **עֵדֶר עֵדֶר לְבַדּוֹ:** כָּל עֵדֶר לְחוּד
one flock at a time

8 **וְרֶוַח תָּשִׂימוּ:** תַּשְׁאִירוּ מָקוֹם
leave a space

י"ח   וַיְצַו אֶת־הָרִאשׁוֹן לֵאמֹר:
"כִּי יִפְגָשְׁךָ עֵשָׂו אָחִי וּשְׁאֵלְךָ לֵאמֹר:
'לְמִי־אַתָּה וְאָנָה תֵלֵךְ וּלְמִי אֵלֶּה לְפָנֶיךָ'.

י"ט   וְאָמַרְתָּ: לְעַבְדְּךָ לְיַעֲקֹב מִנְחָה (הוּא) הִיא שְׁלוּחָה[9]
לַאדֹנִי לְעֵשָׂו,
וְהִנֵּה גַם־הוּא אַחֲרֵינוּ."

. . . . .

כ"א   וַאֲמַרְתֶּם: "גַּם הִנֵּה עַבְדְּךָ יַעֲקֹב אַחֲרֵינוּ,
כִּי־אָמַר: 'אֲכַפְּרָה פָנָיו בַּמִּנְחָה[10] הַהֹלֶכֶת לְפָנַי
וְאַחֲרֵי־כֵן[11] אֶרְאֶה פָנָיו[12]
אוּלַי יִשָּׂא פָנָי[13]'."

כ"ב   וַתַּעֲבֹר[14] הַמִּנְחָה עַל־פָּנָיו[15],
וְהוּא לָן[16] בַּלַּיְלָה־הַהוּא בַּמַּחֲנֶה.

[9]	**שְׁלוּחָה** (שׁ־ל־ח): sent
[10]	**אֲכַפְּרָה פָנָיו בַּמִּנְחָה:** אֶתֵּן לוֹ מַתָּנָה כְּדֵי שֶׁיִּסְלַח לִי
[11]	**וְאַחֲרֵי־כֵן:** אַחַר כָּךְ
[12]	**פָנָיו:** הַפָּנִים שֶׁלּוֹ (שֶׁל עֵשָׂו)
[13]	**יִשָּׂא פָנָי:** show me favor
[14]	**וַתַּעֲבֹר** (ע־ב־ר): הִיא עָבְרָה
[15]	**עַל־פָּנָיו:** לְפָנָיו: ahead of him
[16]	**לָן:** הוּא נִשְׁאָר שָׁם בַּלַּיְלָה spent the night

23

לִקְרֹא... לִמְצֹא... לְהַשְׁלִים... (פְּסוּקִים י"ד-כ"ב)

בְּבַקָּשָׁה:

1 **סַמְּנוּ** בְּעַמּוּדִים 22–23 בְּפָסוּק י"ד וּבְפָסוּק כ"ב בְּצֶבַע וָרֹד אֶת הַמִּשְׁפָּטִים הַדּוֹמִים.

1א. **כִּתְבוּ** אֶת הַמִּשְׁפָּטִים הַדּוֹמִים בַּמִּסְגֶּרֶת.

פָּסוּק י"ד: "____________________"

פָּסוּק כ"ב: "____________________"

2 **סַמְּנוּ** בְּעַמּוּדִים 22–23 בְּצֶבַע צָהֹב אֶת הַמִּלָּה "מִנְחָה".

2א. כִּתְבוּ אוֹ צַיְּרוּ בַּתְּמוּנָה שֶׁבַּמִּסְגֶּרֶת מָה יַעֲקֹב עוֹשֶׂה (בֵּין פָּסוּק י"ד לְפָסוּק כ"ב).

3 לָמָּה יַעֲקֹב שׁוֹלֵחַ מִנְחָה לְעֵשָׂו?

- **הַשְׁלִימוּ** בִּלְשׁוֹן הַתּוֹרָה:

"____________________"

- **כִּתְבוּ** בִּלְשׁוֹנֵנוּ:

____

____

4 **סַמְּנוּ** בְּעַמּוּד 22 בְּצֶבַע יָרֹק אֶת שְׁמוֹת בַּעֲלֵי הַחַיִּים שֶׁיַּעֲקֹב מֵבִיא מִנְחָה לְעֵשָׂו.

5 **הַשְׁלִימוּ:**

בַּעֲלֵי הַחַיִּים	**כַּמָּה?** (כִּתְבוּ בְּמִסְפָּרִים)
גְּמַלִּים מֵינִיקוֹת וּבְנֵיהֶם	30
בְּסַךְ הַכֹּל בַּעֲלֵי חַיִּים:	

6 **בַּחֲרוּ** בַּעֲלֵי חַיִּים מִן הַמִּנְחָה **וְצַיְּרוּ** אוֹתָם.

7 לָמָּה הַתּוֹרָה מְסַפֶּרֶת בְּדִיּוּק כַּמָּה בַּעֲלֵי חַיִּים יֵשׁ בַּמִּנְחָה, לְדַעְתְּכֶם?

____

____

____

הַיְדַעְתֶּם?

בִּימֵי הָאָבוֹת, מִי שֶׁהָיוּ לוֹ הַרְבֵּה עֲדָרִים, הָיָה עָשִׁיר מְאֹד.

8 יַעֲקֹב מְסַדֵּר אֶת הָעֲדָרִים "______________________" (פָּסוּק י"ז)

8א. כַּמָּה קְבוּצוֹת שֶׁל עֲדָרִים הָיוּ לְיַעֲקֹב? (פְּסוּקִים ט"ו–ט"ז)

הָיוּ לוֹ ________ קְבוּצוֹת.

8ב. יַעֲקֹב אוֹמֵר לַעֲבָדִים לָשִׂים ______________

בֵּין עֵדֶר לְעֵדֶר. (פָּסוּק ______)

9 מָה יַעֲקֹב רוֹצֶה שֶׁעֵשָׂו יַחְשֹׁב וְיַרְגִּישׁ, לְדַעְתְּכֶם?

____

____

____

לַחְשֹׁב... לְהָבִין...לְהַרְגִּישׁ... (פְּסוּקִים י"ד-כ"ב)

1 **סַמְּנוּ** בְּעַמּוּד 23 בְּצֶבַע כָּחֹל אֶת כָּל הַמִּלִּים עִם הָאוֹתִיּוֹת **פ,נ,י**.

1א. מְצָאתֶם ______ מִלִּים.

1ב. הַמִּלָּה "פָּנִים" הִיא מִלָּה מַנְחָה. **הַשְׁלִימוּ** אֶת הָרַעְיוֹן **וְצַיְּרוּ** אוֹתוֹ:

יַעֲקֹב יִרְאֶה אֶת עֵשָׂו: [ ] אֶל [פָּ נִ י ם].

מִלָּה מַנְחָה
מִלָּה הַחוֹזֶרֶת בַּפֶּרֶק אוֹ בַּקֶּטַע
כַּמָּה פְּעָמִים.
הַחֲזָרָה מְלַמֶּדֶת שֶׁהָרַעְיוֹן חָשׁוּב.

3 הַאִם חָשׁוּב שֶׁיַּעֲקֹב יִפָּגֵשׁ עִם עֵשָׂו פָּנִים אֶל פָּנִים, לְדַעְתְּכֶם?

(that they meet)

לְדַעְתִּי ☐ חָשׁוּב שֶׁיִּפָּגְשׁוּ ☐ לֹא חָשׁוּב שֶׁיִּפָּגְשׁוּ

כִּי ________________________________

____

________________________________.

נְסַכֵּם: פְּסוּקִים י"ד-כ"ב

● הַדְּמוּת אוֹ הַדְּמֻיּוֹת הַמּוֹפִיעוֹת: ______

● הַבְּעָיָה שֶׁל יַעֲקֹב הִיא: ______

● מָה הוּא עוֹשֶׂה כְּדֵי לִפְתֹּר אֶת הַבְּעָיָה? ______

● אֵיךְ אַתֶּם הֱיִיתֶם פּוֹתְרִים אֶת הַבְּעָיָה?

● מִפְּסוּקִים י"ד-כ"ב אֲנַחְנוּ לוֹמְדִים:

● **בַּחֲרוּ** צִטּוּט **וְכִתְבוּ** אוֹתוֹ כְּכוֹתֶרֶת לַפְּסוּקִים. (כִּתְבוּ אוֹתוֹ בַּמִּסְגֶּרֶת לְמַעְלָה.)

יַעֲקֹב עוֹבֵר אֶת נַחַל יַבֹּק

פֶּרֶק ל״ב פְּסוּקִים כ״ג-כ״ד

כ״ג וַיָּקָם בַּלַּיְלָה (הוּא) הַהוּא

וַיִּקַּח

אֶת-שְׁתֵּי נָשָׁיו

וְאֶת-שְׁתֵּי שִׁפְחֹתָיו

וְאֶת-אַחַד עָשָׂר יְלָדָיו,

וַיַּעֲבֹר[1] אֵת מַעֲבַר יַבֹּק[2].

כ״ד וַיִּקָּחֵם[3]

וַיַּעֲבִרֵם[4] אֶת-הַנָּחַל,

וַיַּעֲבֵר[5] אֶת-אֲשֶׁר-לוֹ.

1 **וַיַּעֲבֹר** (ע-ב-ר): הוּא עָבַר

2 **מַעֲבַר יַבֹּק:** הַמָּקוֹם שֶׁבּוֹ עוֹבְרִים אֶת נַחַל יַבֹּק

3 **וַיִּקָּחֵם** (ל-ק-ח): הוּא לָקַח אוֹתָם

4 **וַיַּעֲבִרֵם** (ע-ב-ר): הוּא הֶעֱבִיר אוֹתָם
he crossed them over

5 **וַיַּעֲבֵר:** הוּא הֶעֱבִיר

לִקְרֹא... לִמְצֹא... לְהַשְׁלִים... (פְּסוּקִים כ"ג-כ"ד)

בְּבַקָּשָׁה:

1 **סַמְּנוּ** בְּעַמּוּד 29 בְּצֶבַע כָּחֹל אֶת כָּל הַפְּעָלִים הַמַּתְחִילִים בְּ-וַיְּ .

1א. הַשֹּׁרֶשׁ ______ חוֹזֵר 3 פְּעָמִים.

1ב. לָמָּה כָּל כָּךְ הַרְבֵּה פְּעָמִים?

______

______

2 **סַמְּנוּ** בְּצֶבַע יָרֹק **מִי** עוֹבֵר **וּמָה** עוֹבֵר.

2א. אֶת מִי יַעֲקֹב מַעֲבִיר לַצַּד הַשֵּׁנִי שֶׁל הַנַּחַל?

הַשְׁלִימוּ בִּלְשׁוֹן הַתּוֹרָה אוֹ בִּלְשׁוֹנֵנוּ.

א. אֶת ______

ב. אֶת ______

ג. אֶת ______ (פָּסוּק כ"ג)

ד. אֶת ______ (פָּסוּק כ"ד)

3 מָתַי יַעֲקֹב מַעֲבִיר אוֹתָם?

______

לַחְשֹׁב... לְהָבִין...לְהַרְגִּישׁ... (פְּסוּקִים כ"ג-כ"ד)

1 לָמָּה יַעֲקֹב עוֹבֵר אֶת הַנַּחַל בַּלַּיְלָה, לְדַעְתְּכֶם?

כִּי ____

____

2 בַּפְּסוּקִים הָאֵלֶּה יֵשׁ הַרְבֵּה פְּרָטִים (details). אֶפְשָׁר לִכְתֹּב אוֹתָם עִם מְעַט פְּרָטִים:

כָּתוּב כָּךְ: (פְּסוּקִים כ"ב-כ"ג)	לֹא כָּתוּב כָּךְ:
וַיָּקָם בַּלַּיְלָה (הוּא) הַהוּא	וַיָּקָם בַּלַּיְלָה (הוּא) הַהוּא
וַיִּקַּח	וַיִּקַּח אֶת מִשְׁפַּחְתּוֹ,
אֶת-שְׁתֵּי נָשָׁיו	
וְאֶת-שְׁתֵּי שִׁפְחֹתָיו	
וְאֶת-אַחַד עָשָׂר יְלָדָיו,	
וַיַּעֲבֹר אֵת מַעֲבַר יַבֹּק.	
וַיִּקָּחֵם	
וַיַּעֲבִרֵם אֶת-הַנָּחַל,	וַיַּעֲבִרֵם אֶת-הַנָּחַל.
וַיַּעֲבֵר אֶת-אֲשֶׁר-לוֹ.	

3 מָה יַעֲקֹב עוֹשֶׂה בְּאוֹתוֹ לַיְלָה? **צַיְּרוּ:**

מַעֲבִיר אֶת ______

מַעֲבִיר אֶת ______

מַעֲבִיר אֶת ______

מַעֲבִיר אֶת ______

4 **נְסַכֵּם:**

אֵיךְ הִתְכּוֹנֵן יַעֲקֹב לַפְּגִישָׁה עִם עֵשָׂו? **כִּתְבוּ** בִּלְשׁוֹנֵנוּ אוֹ בִּלְשׁוֹן הַתּוֹרָה **וְצַיְּרוּ**.

פְּסוּקִים ד'-ז':

פְּסוּקִים ח'-ט':

פְּסוּקִים י'-י"ג:

פְּסוּקִים י"ד-כ"ב:

פְּסוּקִים כ"ג-כ"ד:

יַעֲקֹב נֶאֱבָק עִם הָאִישׁ (struggles)

פֶּרֶק ל"ב פְּסוּקִים כ"ה-ל"ב

כ"ה   וַיִּוָּתֵר יַעֲקֹב לְבַדּוֹ¹,

וַיֵּאָבֵק² אִישׁ עִמּוֹ

עַד עֲלוֹת הַשָּׁחַר³.

כ"ו   וַיַּרְא

כִּי לֹא יָכֹל לוֹ⁴

וַיִּגַּע⁵ בְּכַף-יְרֵכוֹ⁶,

וַתֵּקַע כַּף-יֶרֶךְ⁷ יַעֲקֹב

בְּהֵאָבְקוֹ⁸ עִמּוֹ.

1 **וַיִּוָּתֵר ... לְבַדּוֹ:** was left alone

2 **וַיֵּאָבֵק:** he struggled

3 **עַד עֲלוֹת הַשָּׁחַר:** עַד שֶׁהַבֹּקֶר בָּא

4 **לֹא יָכֹל לוֹ:** לֹא יָכֹל לְנַצֵּחַ אוֹתוֹ

5 **וַיִּגַּע** (נ-ג-ע)**:** הוּא נָגַע he touched

6 **בְּכַף-יְרֵכוֹ:** his hip socket

7 **וַתֵּקַע כַּף-יֶרֶךְ:** thigh muscle was strained

8 **בְּהֵאָבְקוֹ:** בִּזְמַן שֶׁנֶּאֱבַק while struggling

כ"ז וַיֹּאמֶר: "שַׁלְּחֵנִי[9] כִּי עָלָה הַשָּׁחַר,"
וַיֹּאמֶר: "לֹא אֲשַׁלֵּחֲךָ[10] כִּי אִם–בֵּרַכְתָּנִי[11]."

כ"ח וַיֹּאמֶר אֵלָיו: "מַה–שְּׁמֶךָ?"
וַיֹּאמֶר: "יַעֲקֹב".

כ"ט וַיֹּאמֶר: "לֹא יַעֲקֹב יֵאָמֵר עוֹד שִׁמְךָ
כִּי אִם–יִשְׂרָאֵל,
כִּי–שָׂרִיתָ[12] עִם–אֱ–לֹהִים וְעִם–אֲנָשִׁים
וַתּוּכָל[13]."

ל' וַיִּשְׁאַל יַעֲקֹב וַיֹּאמֶר:
"הַגִּידָה–נָּא[14] שְׁמֶךָ"
וַיֹּאמֶר: "לָמָּה זֶּה תִּשְׁאַל לִשְׁמִי?"
וַיְבָרֶךְ אֹתוֹ שָׁם.

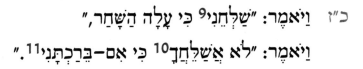

9 **שַׁלְּחֵנִי** (ש-ל-ח): שְׁלַח אוֹתִי

10 **אֲשַׁלֵּחֲךָ** (ש-ל-ח): אֶשְׁלַח אוֹתְךָ

11 **כִּי אִם–בֵּרַכְתָּנִי** (ב-ר-כ): עַד אֲשֶׁר תְּבָרֵךְ אוֹתִי unless you bless me

12 **שָׂרִיתָ**: נִלְחַמְתָּ, נֶאֱבַקְתָּ you struggled

13 **וַתּוּכָל**: וְנִצַּחְתָּ and you won

14 **הַגִּידָה–נָּא** (נ-ג-ד): תַּגִּיד לִי, בְּבַקָּשָׁה

יַעֲקֹב וְהַמַּלְאָךְ

Sculptor: Phillip Ratner.
Used by permission of the
Dennis and Phillip Ratner Museum
and the Israel Bible Museum of Be-er Sheva.

ל״א וַיִּקְרָא יַעֲקֹב שֵׁם הַמָּקוֹם ״פְּנִיאֵ-ל״,
״כִּי-רָאִיתִי אֱ-לֹהִים פָּנִים אֶל-פָּנִים
וַתִּנָּצֵל נַפְשִׁי[15].״

ל״ב וַיִּזְרַח-לוֹ הַשֶּׁמֶשׁ[16]
כַּאֲשֶׁר עָבַר אֶת-פְּנוּאֵ-ל,
וְהוּא צֹלֵעַ[17] עַל-יְרֵכוֹ.

15 **וַתִּנָּצֵל** (נ-צ-ל) **נַפְשִׁי:** אֲנִי נִצַּלְתִּי
my life has been saved

16 **וַיִּזְרַח-לוֹ הַשֶּׁמֶשׁ**
the sun shone for him

17 **צֹלֵעַ:** was limping

״וַיִּוָּתֵר יַעֲקֹב לְבַדּוֹ,
וַיֵּאָבֵק אִישׁ עִמּוֹ
עַד עֲלוֹת הַשָּׁחַר.״

צִיּוּר שֶׁל הַצַּיָּר הַצָּרְפָתִי
Gustav Doré
שֶׁחַי לִפְנֵי 150 שָׁנִים בְּעֵרֶךְ.

לִקְרֹא... לִמְצֹא... לְהַשְׁלִים... פְּסוּקִים כ"ה-כ"ו

בְּבַקָּשָׁה:

1 יַעֲקֹב נִשְׁאָר "לְבַדּוֹ". מִי לֹא אִתּוֹ?

____

2 **קִרְאוּ** פָּסוּק כ"ג. מָתַי זֶה קוֹרֶה?

זֶה קוֹרֶה בַּ______________ כִּי כָּתוּב "______________".

3 **סַמְּנוּ** בְּעַמּוּד 34 בְּצֶבַע צָהֹב אֶת הַדְּמֻיּוֹת. (פְּסוּקִים כ"ה–כ"ו)

3א. הַדְּמוּת שֶׁיֵּשׁ לָהּ שֵׁם הִיא: ______________

3ב. לַדְּמוּת שֶׁאֵין שֵׁם קוֹרְאִים: "______________".

4 **סַמְּנוּ** בְּעַמּוּד 34 בְּצֶבַע יָרֹק אֶת הַפְּעָלִים עִם וַי.

4א. מִי נֶאֱבַק בְּמִי?

____

לִקְרֹא... לִמְצֹא... לְהַשְׁלִים... פְּסוּקִים כ"ז-ל'

בְּבַקָּשָׁה:

1. **סַמְּנוּ** בְּעַמּוּד 35 בְּצֶבַע כָּחֹל אֶת דִּבְרֵי הָאִישׁ.

2. **סַמְּנוּ** בְּצֶבַע יָרֹק אֶת דִּבְרֵי יַעֲקֹב.

3. **הַקִּיפוּ** בְּמַלְבֵּן אֶת הַמִּלָּה הַחוֹזֶרֶת 4 פְּעָמִים בְּדִבְרֵיהֶם.

4. (dialogue)
הַשְׁלִימוּ: יוֹדְעִים שֶׁיֵּשׁ פֹּה דּוּ-שִׂיחַ, לְפִי הַמִּלָּה הַחוֹזֶרֶת "__________"

5. **כִּתְבוּ** אֶת הַדּוּ-שִׂיחַ בִּלְשׁוֹנֵנוּ:

- הָאִישׁ שׁוֹאֵל: ____________________ (פָּסוּק כ"ח)
- יַעֲקֹב עוֹנֶה: ____________________ (פָּסוּק כ"ח)
- יַעֲקֹב שׁוֹאֵל: ____________________ (פָּסוּק ל')
- הָאִישׁ עוֹנֶה: ____________________ (פָּסוּק ל')

6. (clear)
שְׁנֵי דְּבָרִים לֹא בְּרוּרִים לָנוּ עַל הָאִישׁ. **הַשְׁלִימוּ:**

- הוּא לֹא רוֹצֶה לְהַגִּיד אֶת ________________
- הוּא רוֹצֶה לַעֲזֹב כַּאֲשֶׁר ________________ (פָּסוּק כ"ז)

7 מָה קוֹרֶה לְיַעֲקֹב בְּפָסוּק כ"ט? ______________________________

____

8 הַשֵּׁם הֶחָדָשׁ שֶׁל יַעֲקֹב הוּא ______________ .

8א. **צִבְעוּ** בְּצֶבַע וָרֹד אֶת הָאוֹתִיּוֹת הַחוֹזְרוֹת בַּמִּלִּים:

יִשְׂרָאֵל שְׂרִית

(remaining)

8ב. **הַקִּיפוּ** בְּמַעְגָּל אֶת הָאוֹתִיּוֹת שֶׁנִּשְׁאֲרוּ.

הֲיְדַעְתֶּם?

בַּתּוֹרָה לֹא כָּתוּב "יְהוּדִים".
בַּתּוֹרָה כָּתוּב: "בְּנֵי יִשְׂרָאֵל".
אֲנַחְנוּ הַבָּנִים וְהַבָּנוֹת שֶׁל יַעֲקֹב,
שֶׁקִּבֵּל אֶת הַשֵּׁם "יִשְׂרָאֵל".

לַחְשֹׁב... לְהָבִין... לְהַרְגִּישׁ... (פְּסוּקִים כ"ז-ל')

1 אַתֶּם יַעֲקֹב. יֵשׁ לָכֶם שֵׁם חָדָשׁ. מָה אַתֶּם חוֹשְׁבִים וְאֵיךְ אַתֶּם מַרְגִּישִׁים?

____

____

2 מַדּוּעַ לְדַעְתְּכֶם אֲנַחְנוּ נִקְרָאִים "בְּנֵי יִשְׂרָאֵל" (וְלֹא "בְּנֵי אַבְרָהָם" אוֹ "בְּנֵי יִצְחָק")?

____

____

____

לִקְרֹא... לִמְצֹא... לְהַשְׁלִים... פְּסוּקִים ל"א-ל"ב

בְּבַקָּשָׁה:

1 בְּפָסוּק כ"א כָּתוּב:

וַאֲמַרְתֶּם: "גַּם הִנֵּה עַבְדְּךָ יַעֲקֹב אַחֲרֵינוּ
כִּי-אָמַר:
'אֲכַפְּרָה פָנָיו בַּמִּנְחָה הַהֹלֶכֶת לְפָנָי
וְאַחֲרֵי-כֵן אֶרְאֶה פָנָיו אוּלַי יִשָּׂא פָנָי.'"

בְּפָסוּק ל"א כָּתוּב:

וַיִּקְרָא יַעֲקֹב שֵׁם הַמָּקוֹם "פְּנִיאֵ-ל",
"כִּי-רָאִיתִי אֱ-לֹהִים פָּנִים אֶל-פָּנִים
וַתִּנָּצֵל נַפְשִׁי."

1א. **סַמְּנוּ** בְּפָסוּק כ"א בְּצֶבַע צָהֹב אֶת הַמִּלִּים עִם הָאוֹתִיּוֹת הַחוֹזְרוֹת **פ,נ,י.**

1ב. **סַמְּנוּ** בְּפָסוּק ל"א בְּצֶבַע צָהֹב אֶת הַמִּלָּה הַחוֹזֶרֶת.

1ג. **נְסַכֵּם:**

בְּפָסוּק כ"א הַמִּלָּה הַמַּנְחָה הִיא ________.

יַעֲקֹב מִתְכּוֹנֵן לִרְאוֹת אֶת עֵשָׂו ________ אֶל ________

בְּפָסוּק ל"א הַמִּלָּה הַמַּנְחָה הִיא "________".

יַעֲקֹב רָאָה אֶת אֱ-לֹהִים ________ אֶל ________.

2 מָה הֵן שְׁתֵּי הַמִּלִּים

לַחְשֹׁב... לְהָבִין...לְהַרְגִּישׁ... (פְּסוּקִים ל"א-ל"ב)

1 מָה הַדָּבָר הֲכִי חָשׁוּב שֶׁקּוֹרֶה לְיַעֲקֹב, לְדַעְתְּכֶם?

הַדָּבָר הֶחָשׁוּב הוּא ______

כִּי ______

2 עִם מִי אוֹ עִם מָה נֶאֱבַק יַעֲקֹב, לְדַעְתְּכֶם? ______

______

______

3 מַדּוּעַ זֶה קָרָה בַּלַּיְלָה לִפְנֵי הַפְּגִישָׁה עִם עֵשָׂו, לְדַעְתְּכֶם?

______

______

4 אֵיךְ יַעֲקֹב מַרְגִּישׁ אַחֲרֵי הַמַּאֲבָק, לְדַעְתְּכֶם?

______

______

______

יַעֲקֹב וְעֵשָׂו לִפְנֵי הַפְּגִישָׁה.
מָה יִקְרֶה?

פֶּרֶק ל״ג פְּסוּקִים א׳–י״א

יַעֲקֹב וְעֵשָׂו מִתְקָרְבִים זֶה לָזֶה

פֶּרֶק ל״ג פְּסוּקִים א׳–ג׳

א׳ וַיִּשָּׂא יַעֲקֹב עֵינָיו
וַיַּרְא וְהִנֵּה עֵשָׂו בָּא
וְעִמּוֹ אַרְבַּע מֵאוֹת אִישׁ,
וַיַּחַץ[1] אֶת–הַיְלָדִים
עַל–לֵאָה
וְעַל–רָחֵל
וְעַל שְׁתֵּי הַשְּׁפָחוֹת.

[1] וַיַּחַץ: divided

ב׳ וַיָּשֶׂם אֶת–הַשְּׁפָחוֹת וְאֶת–יַלְדֵיהֶן רִאשֹׁנָה,
וְאֶת–לֵאָה וִילָדֶיהָ אַחֲרֹנִים
וְאֶת–רָחֵל וְאֶת–יוֹסֵף אַחֲרֹנִים.

ג׳ וְהוּא עָבַר לִפְנֵיהֶם,
וַיִּשְׁתַּחוּ אַרְצָה[2] שֶׁבַע פְּעָמִים
עַד-גִּשְׁתּוֹ[3] עַד-אָחִיו.

2 **וַיִּשְׁתַּחוּ אַרְצָה:**

3 **עַד-גִּשְׁתּוֹ** (נ-ג-ש): עַד שֶׁנִּגַּשׁ,
עַד שֶׁבָּא קָרוֹב

פְּסוּקִים א'-ג'

בְּבַקָּשָׁה:

1 **כִּתְבוּ:**

מָה יַעֲקֹב **רוֹאֶה**? ______

מָה יַעֲקֹב **עוֹשֶׂה**? ______

2 **פָּסוּק א'**: אֵיךְ יַעֲקֹב מְסַדֵּר אֶת יְלָדָיו? **הַשְׁלִימוּ.**

קְבוּצָה שֶׁל יַלְדֵי ______

קְבוּצָה שֶׁל יַלְדֵי ______

קְבוּצָה שֶׁל יַלְדֵי ______

3 **פָּסוּק ב'**: אֵיךְ יַעֲקֹב מְסַדֵּר אֶת הַמִּשְׁפָּחָה לִפְנֵי הַפְּגִישָׁה עִם עֵשָׂו? **הַשְׁלִימוּ.**

______ וְ______

______ וִילָדֶיהָ

הַשְּׁפָחוֹת וְ______

3א. לָמָּה יַעֲקֹב מְסַדֵּר כָּךְ אֶת הַמִּשְׁפָּחָה, לְדַעְתְּכֶם? (פָּסוּק ב')

______

______

4 **פָּסוּק ג'**: מִי עוֹמֵד רִאשׁוֹן, לִפְנֵי כָּל הַקְּבוּצוֹת? ______

5 כַּאֲשֶׁר יַעֲקֹב מִשְׁתַּחֲוֶה, הוּא מִתְנַהֵג כְּמוֹ ______

יַעֲקֹב וְעֵשָׂו נִפְגָּשִׁים

פֶּרֶק ל"ג פָּסוּק ד'

ד' וַיָּרָץ עֵשָׂו לִקְרָאתוֹ[1]
וַיְחַבְּקֵהוּ[2]
וַיִּפֹּל[3] עַל-צַוָּארָו[4]
וַיִּשָּׁקֵהוּ[5],
וַיִּבְכּוּ[6].

1 **לִקְרָאתוֹ:** towards him

2 **וַיְחַבְּקֵהוּ** (ח-ב-ק): הוּא חִבֵּק אוֹתוֹ

3 **וַיִּפֹּל** (נ-פ-ל): הוּא נָפַל

4 **עַל-צַוָּארָו:** on his neck

5 **וַיִּשָּׁקֵהוּ** (נ-ש-ק): הוּא נִשֵּׁק אוֹתוֹ

6 **וַיִּבְכּוּ** (ב-כ-ה): הֵם בָּכוּ cried

פָּסוּק ד':

בְּבַקָּשָׁה:

1 **סַמְּנוּ** בְּעַמּוּד 45 בְּצֶבַע יָרֹק אֶת הַפְּעֻלּוֹת שֶׁעֵשָׂו עוֹשֶׂה.

1א. **סַמְּנוּ** בְּצֶבַע כָּחֹל אֶת הַפְּעֻלָּה שֶׁגַּם עֵשָׂו וְגַם יַעֲקֹב עוֹשִׂים.

2 **כִּתְבוּ**: כַּאֲשֶׁר בַּפָּסוּק יֵשׁ הַרְבֵּה פְּעָלִים, אֶחָד אַחֲרֵי הַשֵּׁנִי (רִבּוּי פְּעָלִים),

אֶפְשָׁר לְהָבִין שֶׁ____

____

3 אַתֶּם בַּפְּגִישָׁה בֵּין הָאַחִים. מָה אַתֶּם חוֹשְׁבִים אוֹ מַרְגִּישִׁים? **הַסְבִּירוּ**.

____

____

____

4 **צַיְּרוּ** אֶת כָּל הַפְּעֻלּוֹת שֶׁעֵשָׂו עוֹשֶׂה:

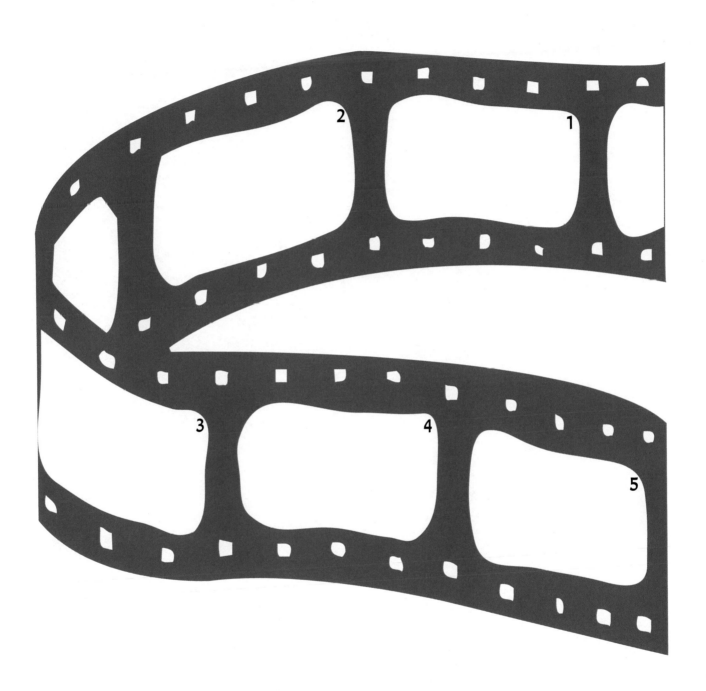

הַדּוּ-שִׂיחַ בֵּין עֵשָׂו לְיַעֲקֹב

פֶּרֶק ל״ג פְּסוּקִים ה׳-י״א

ה׳ וַיִּשָּׂא אֶת-עֵינָיו
וַיַּרְא אֶת-הַנָּשִׁים וְאֶת-הַיְלָדִים
וַיֹּאמֶר: "מִי-אֵלֶּה לָּךְ?"
וַיֹּאמַר: "הַיְלָדִים אֲשֶׁר-חָנַן[1] אֱ-לֹהִים אֶת-עַבְדֶּךָ."

ו׳ וַתִּגַּשְׁןָ[2] הַשְּׁפָחוֹת הֵנָּה וְיַלְדֵיהֶן וַתִּשְׁתַּחֲוֶיןָ[3].

ז׳ וַתִּגַּשׁ גַּם-לֵאָה וִילָדֶיהָ וַיִּשְׁתַּחֲווּ,
וְאַחַר נִגַּשׁ יוֹסֵף וְרָחֵל וַיִּשְׁתַּחֲווּ.

ח׳ וַיֹּאמֶר: "מִי לְךָ כָּל-הַמַּחֲנֶה הַזֶּה אֲשֶׁר פָּגָשְׁתִּי[4]?"
וַיֹּאמֶר: "לִמְצֹא-חֵן[5] בְּעֵינֵי אֲדֹנִי."

1 **חָנַן:** נָתַן בְּחַסְדּוֹ (בְּטוּבוֹ)
2 **וַתִּגַּשְׁןָ** (נ-ג-ש): הֵן (הַשְּׁפָחוֹת) בָּאוּ קָרוֹב
3 **וַתִּשְׁתַּחֲוֶיןָ:** הֵן הִשְׁתַּחֲווּ
4 **פָּגַשְׁתִּי** (פ-ג-ש): I met
5 **לִמְצֹא-חֵן:** to find favor

ט' וַיֹּאמֶר עֵשָׂו: "יֶשׁ-לִי רָב[6] אָחִי
יְהִי לְךָ אֲשֶׁר-לָךְ[7]."

י' וַיֹּאמֶר יַעֲקֹב: "אַל-נָא[8]
אִם-נָא מָצָאתִי חֵן בְּעֵינֶיךָ
וְלָקַחְתָּ מִנְחָתִי מִיָּדִי,
כִּי עַל-כֵּן רָאִיתִי פָנֶיךָ[9] כִּרְאֹת[10] פְּנֵי אֱ-לֹהִים
וַתִּרְצֵנִי[11].

י"א קַח-נָא אֶת-בִּרְכָתִי אֲשֶׁר הֻבָאת[12] לָךְ
כִּי-חַנַּנִי[13] אֱ-לֹהִים
וְכִי יֶשׁ-לִי-כֹל,"
וַיִּפְצַר-בּוֹ[14]
וַיִּקָּח.

6 **רָב:** הַרְבֵּה
7 **אֲשֶׁר-לָךְ:** מָה שֶׁיֵּשׁ לְךָ
8 **אַל-נָא:** בְּבַקָּשָׁה
9 **פָנֶיךָ:** הַפָּנִים שֶׁלְּךָ
10 **כִּרְאֹת** (ר-א-ה): כְּמוֹ לִרְאוֹת
11 **וַתִּרְצֵנִי:** וּמָצָאתִי חֵן בְּעֵינֶיךָ
12 **הֻבָאת:** that was brought
13 **חַנַּנִי:** נָתַן לִי בְּחַסְדּוֹ (בְּטוּבוֹ)
14 **וַיִּפְצַר-בּוֹ:** בִּקֵּשׁ מִמֶּנּוּ שׁוּב וָשׁוּב

פְּסוּקִים ה'-י"א

1 **הַשְׁלִימוּ** בְּבַקָּשָׁה אֶת הַדּוּ-שִׂיחַ בֵּין עֵשָׂו לְיַעֲקֹב.

פָּסוּק	מִי אוֹמֵר	בִּלְשׁוֹן הַתּוֹרָה	בִּלְשׁוֹנֵנוּ
ה'	______:	"מִי-אֵלֶּה לָּךְ?"	שֶׁל מִי הַנָּשִׁים וְהַיְלָדִים?
ה'	______:	"______ ______"	אֵלֶּה הַיְלָדִים שֶׁאֱ-לֹהִים נָתַן לִי.
ח'	עֵשָׂו:	"______ ______"	מִי הֵם הָעֲדָרִים?
ח'	______:	"______ ______"	כְּדֵי לִמְצֹא חֵן בְּעֵינֶיךָ.
ט'	______:	"יֶשׁ-לִי רָב אָחִי"	______ ______
י'	______:	"______ ______"	קַח אֶת הַמַּתָּנָה שֶׁלִּי.
י"א	______:	"______ ______"	קַח בְּבַקָּשָׁה אֶת הַבְּרָכָה שֶׁהֵבֵאתִי לְךָ.

1א. מָה יַעֲקֹב רוֹצֶה מֵעֵשָׂו?

2 בְּפָסוּק י׳ כָּתוּב: ״וְלָקַחְתָּ מִנְחָתִי מִיָּדִי״.

בְּפָסוּק י״א כָּתוּב: ״קַח-נָא אֶת-בִּרְכָתִי״.

לָמָּה יַעֲקֹב אוֹמֵר: ״קַח-נָא אֶת-בִּרְכָתִי״, לְדַעְתְּכֶם?

3 הַשְׁלִימוּ:

- יַעֲקֹב קוֹרֵא לְעַצְמוֹ ______ (פָּסוּק ____)
- יַעֲקֹב קוֹרֵא לְעֵשָׂו ______ (פָּסוּק ____)
- עֵשָׂו קוֹרֵא לְיַעֲקֹב ______ (פָּסוּק ____)

4 עֵשָׂו קוֹרֵא לְיַעֲקֹב ______ . מָה הוּא מַרְגִּישׁ כְּלַפֵּי (toward) יַעֲקֹב לְדַעְתְּכֶם?

5 **סַמְּנוּ בְּצֶבַע וָרֹד** אֶת הַמִּלִּים הַדּוֹמוֹת.

	פֶּרֶק ל"ב פָּסוּק ל"א	פֶּרֶק ל"ג פָּסוּק י'
	"...כִּי־רָאִיתִי אֱ-לֹהִים פָּנִים אֶל־פָּנִים וַתִּנָּצֵל נַפְשִׁי."	"...כִּי עַל־כֵּן רָאִיתִי פָנֶיךָ כִּרְאֹת פְּנֵי אֱל-הִים וַתִּרְצֵנִי."
• לְמִי יַעֲקֹב אוֹמֵר?	לְ__________	לְ__________
• אֶת מִי יַעֲקֹב רָאָה?	אֶת פָּנָיו שֶׁל __________	אֶת פָּנָיו שֶׁל __________

בְּקִצּוּרוֹת

(similarity)

5א. מָה לוֹמְדִים מֵהַדִּמְיוֹן בֵּין שְׁנֵי הַפְּסוּקִים הָאֵלֶּה?

• בְּפֶרֶק ל"ג פָּסוּק י' יַעֲקֹב אוֹמֵר:

לִרְאוֹת אֶת __________ זֶה כְּמוֹ לִרְאוֹת אֶת __________

(what does he mean)?

• לְמָה הוּא מִתְכַּוֵּן, לְדַעְתְּכֶם? __________

____

____

6

פָּרָשַׁת תּוֹלְדוֹת

פֶּרֶק כ"ז פְּסוּקִים ל"ה-ל"ו

וַיֹּאמֶר: "בָּא אָחִיךָ בְּמִרְמָה,
וַיִּקַּח בִּרְכָתֶךָ."
וַיֹּאמֶר: "הֲכִי קָרָא שְׁמוֹ יַעֲקֹב
וַיַּעְקְבֵנִי זֶה פַעֲמַיִם,
אֶת-בְּכֹרָתִי לָקָח,
וְהִנֵּה עַתָּה לָקַח בִּרְכָתִי..."

פָּרָשַׁת וַיִּשְׁלַח

פֶּרֶק ל"ג פָּסוּק י"א

"קַח-נָא אֶת-בִּרְכָתִי אֲשֶׁר הֻבָאת לָךְ
כִּי-חַנַּנִי אֱ-לֹהִים וְכִי יֶשׁ-לִי-כֹל,"
וַיִּפְצַר-בּוֹ וַיִּקָּח.

(the differences)

הַשְׁלִימוּ אֶת הַהֶבְדֵּלִים:

- בְּפָרָשַׁת **תּוֹלְדוֹת**:

יִצְחָק וְעֵשָׂו אוֹמְרִים שֶׁיַּעֲקֹב "__________" אֶת הַבְּרָכָה שֶׁלּוֹ.

- בְּפָרָשַׁת **וַיִּשְׁלַח**:

יַעֲקֹב מְבַקֵּשׁ מֵעֵשָׂו: "__________" אֶת הַבְּרָכָה שֶׁלִּי.

- בְּפָרָשַׁת **וַיִּשְׁלַח**:

יַעֲקֹב אוֹמֵר שֶׁהוּא קִבֵּל אֶת הַבְּרָכָה מֵ __________ .

הוּא רוֹצֶה לָתֵת __________ לְ __________ .

בְּפֶרֶק כ"ז פָּסוּק כ"ח לָמַדְנוּ שֶׁיַּעֲקֹב קִבֵּל אֶת הַבְּרָכָה מִ __________ .

7 מָה הַהֶבְדֵּל בֵּין **סוֹף** פָּרָשַׁת "תּוֹלְדוֹת" לְבֵין פָּרָשַׁת "וַיִּשְׁלַח"?

- בְּפָרָשַׁת **תּוֹלְדוֹת** (פֶּרֶק כ"ז פָּסוּק מ"א):

עֵשָׂו ______________________________

- בְּפָרָשַׁת **וַיִּשְׁלַח** (פֶּרֶק ל"ג פָּסוּק י"א):

עֵשָׂו ______________________________

- בְּפָרָשַׁת **תּוֹלְדוֹת** (פֶּרֶק כ"ז פָּסוּק ל"ה-ל"ו):

יַעֲקֹב ______________________________

- בְּפָרָשַׁת **וַיִּשְׁלַח** (פֶּרֶק ל"ג פָּסוּק י"א):

יַעֲקֹב ______________________________

8 **כִּתְבוּ** עַל מִקְרֶה (incident) שֶׁקָּרָה לָכֶם:

בַּהַתְחָלָה פְּחַדְתֶּם מִמַּשֶּׁהוּ אוֹ מִמִּישֶׁהוּ וְאַחַר כָּךְ הִרְגַּשְׁתֶּם בְּסֵדֶר.

מָה עָזַר לָכֶם לְהַרְגִּישׁ יוֹתֵר טוֹב?

____

____

____

____

לְסִכּוּם

בַּחֲרוּ:

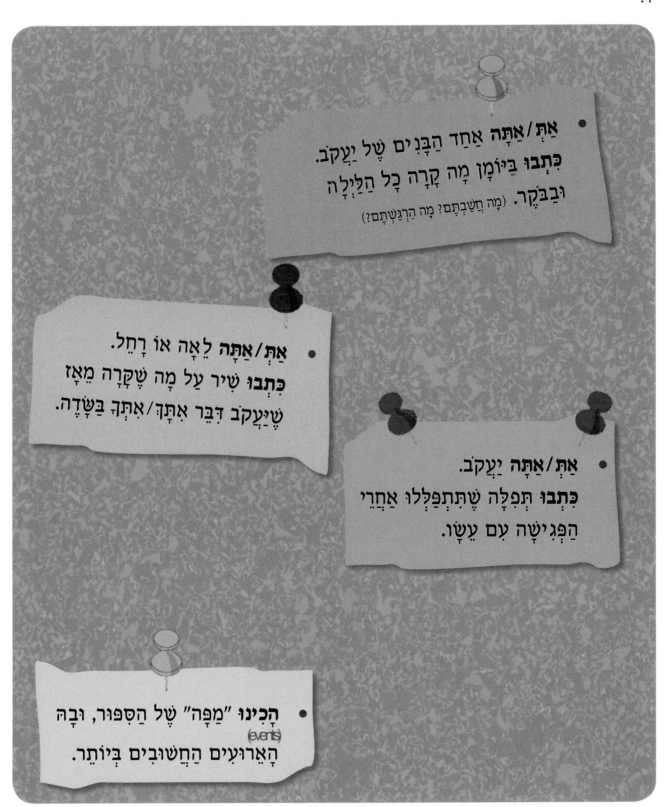

- **אַתְּ/אַתָּה** אַחַד הַבָּנִים שֶׁל יַעֲקֹב.
כִּתְבוּ בְּיוֹמָן מָה קָרָה כָּל הַלַּיְלָה
וּבַבֹּקֶר. (מָה חֲשַׁבְתֶּם? מָה הִרְגַּשְׁתֶּם?)

- **אַתְּ/אַתָּה** לֵאָה אוֹ רָחֵל.
כִּתְבוּ שִׁיר עַל מָה שֶׁקָּרָה מֵאָז
שֶׁיַּעֲקֹב דִּבֵּר אִתָּךְ/אִתְּךָ בַּשָּׂדֶה.

- **אַתְּ/אַתָּה** יַעֲקֹב.
כִּתְבוּ תְּפִלָּה שֶׁתִּתְפַּלְּלוּ אַחֲרֵי
הַפְּגִישָׁה עִם עֵשָׂו.

- **הָכִינוּ** "מַפָּה" שֶׁל הַסִּפּוּר, וּבָהּ
הָאֵרוּעִים (events) הַחֲשׁוּבִים בְּיוֹתֵר.